Amor A Puertas Abiertas

Misión Sur América

CONTENIDO

Cumpliendo La Misión 3
Llamado del Señor 4
Guayaquil, Ecuador Sede Internacional... 5
Alianzas para Servir 6
Hogar Caritas de Niños 7
Viajes Misioneros... 11
Proceso para Solicitar Fondos para Proyectos Humanitarios 12
Presentación de Propuestas.. 14
Consejos en la Redacción.. 16
Requisitos y Documentos Oficiales... 19
Modelo de Propuesta.. 25
Programas Elegibles.. 27
Nuestra Misión.. 28
Agenda de Dios... 31
Agenda de Seguimiento.. 52
Solicitud de Fondos para Proyectos Humanitarios... 61
Solicitud para Sucursal del Banco de Alimentos.. 64

MisionSA.org

Cumpliendo La Misión

¡Bienvenidos a esta Convocatoria del Señor! Si usted está aquí, es porque así lo predestinó el Dios que nos llamó a Sur América. Hoy es un día muy especial para nosotros y sabemos que en su vida también lo será. Como podrá apreciar en la portada de este manual, Amor A Puertas Abiertas está rodeada de caritas de niños. Así lo vió mi esposa Marisol en un sueño, poco tiempo después de yo haber ingresado al Ministerio Cristo Viene del evangelista Yiye Ávila al cual fui llamado por el Señor con la misión especial de ir a Sur América a testificar de Su amor y misericordias manifestadas en nuestra vida.

En este mes de junio de 2021, cumplidos 40 años de nuestro llamado y habiendo atravesado nuestro desierto en los cuales también fuimos testigos de la gloria de Dios, su amor y misericordia, nos sentimos muy emocionados porque el tiempo del Señor para el cumplimiento de nuestro llamado ha llegado. Así como Israel tomó posesión de su Tierra Prometida luego de 40 años en el desierto, también nosotros entramos a la conquista de la que nos ha sido asignada; Sur América. Obviamente nuestra conquista será espiritual, cumplir con la misión que nos fue dada. Por tal razón, sabemos que esto lo incluye a usted que hoy se encuentra aquí. Piense en esto; De tantos millones de personas que habitan aquí en Sur América y fue usted al que Dios escogió para que hiciera conexión con nosotros lo que no es una casualidad, sino un plan divinamente planificado por el Rey de Reyes y Señor de Señores al que nos honra servir y representar como Embajadores de Su Reino.

Para cumplir con la misión del llamado que nos hizo el Señor cuando me enseñó en sus faldas el mapa de Sur América indicándome debía de ir a testificar lo que Él hizo en nuestras vidas, nos complace presentarles los testimonios más relevantes de nuestra historia por medio de este libro que hoy ustedes reciben como un obsequio de parte de nuestro Señor y Dios JESUCRISTO. Todo comenzó con esa simple oración; "Señor he venido a ti y nada ha sucedido". Nos sentimos muy honrados de parte de DIOS por haber sido llamados a Sur América para testificarles nuestra aventura de vida en el SEÑOR.

Llamado del Señor

En el año 1981, sentado debajo de un árbol de pino hice una oración a Dios con mi corazón quebrando; "Señor, he venido a ti y nada ha sucedido". Esa sencilla sincera oración fue como una llave que me dió acceso a un tesoro de futuras experiencias que incluirían recibir una rosa de la mano del Señor, ver al Anciano de cabellos blancos y vestiduras largas que vió el profeta Daniel y el Apóstol Juan, sosteniendo en sus faldas un mapa de Sur América el cual me señaló diciéndome: *"Mi siervo; por aquí tienes que ir a testificar lo que hice en tu vida".*

Y como una ratificación a ese llamado, fui visitado por Jesús en persona el 19 de noviembre de 2013 en el día 40 de un ayuno al que fui dirigido por el Señor. Estas experiencias que nos han traído hoy aquí, las podrá leer en nuestro libro titulado; SEÑOR HE VENIDO A TI Y NADA HA SUCEDIDO.

Como una gracia del Reino de nuestro buen Dios, a nuestra Misión se nos ha delegado la Coordinación y Desarrollos de Proyectos Humanitarios en el Continente Suramericano, por lo que estamos realizando Convocatorias con el fin de poner a la disposición de las Iglesias, Ministerios y Organizaciones Sin Fines de Lucro las Solicitudes de Fondos disponibles que podrán ser utilizados para distintos Proyectos Humanitarios en beneficio de su Comunidad.

El KAIRÓS de DIOS es perfecto y todo está listo para que recibamos todas las promesas y bendiciones que nos han sido anunciada y por las cuales hemos esperado mucho tiempo.

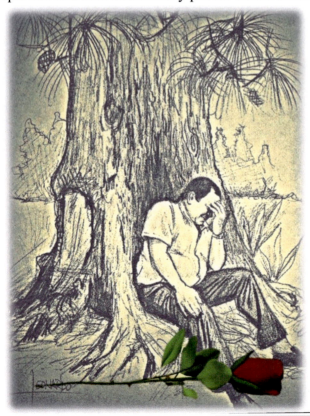

Amor a Puertas Abiertas
Misión Sur América

"Y cuando venga el Espíritu de verdad, Él os guiará a toda la verdad; porque no hablará por Su propia cuenta, sino que hablará lo que oyere, y os hará saber las cosas que habrán de venir". Juan 16:13

En aquellos días cuando el Señor me confirmó que regresaría a Sur América, una noche le pedí al Señor en oración que me llevara en sueños a luegares de Suramérica que visitaría. Esta petición la hice por el gran amor y deseo en mi corazón por estar en mi Tierra Prometida.

Y esa petición me fue contestada el viernes 22 de marzo de 2013 cuando en revelación en sueño me mostró la ciudad de GUAYAQUIL. En el sueño, me vi junto a un niño que caminaba a mi lado por un camino de piedras y un mensajero se me acerca y me entrega un libro diciéndome: *"Todo está listo, Has alcanzado todas las bendiciones que el Señor te ha prometido"*. Al escuchar sus palabras, en el sueño comprendí que era una revelación de Dios y que estaba en Guayaquil, Ecuador. Comencé a reírme a la vez que me volteaba hacia mi derecha para contemplar la ciudad. Algo que me llamó la atención fue un Velero el cual lo veía en un parque, no en el agua. Teniendo pleno conocimiento de que estaba teniendo una revelación del Señor desperté de mi sueño.

El Velero de la portada de este manual fue una confirmación para nosotros establecer la Sede de Amor a Puertas Abiertas Misión Sur América. Una grata sorpresa me dio el Señor cuando en el 2013 en mi primera visita a Ecuador me llevaron al Parque del Malecón para que viera el Velero que DIOS me había mostrado en sueños. Ciertamente para el que cree en Dios, todas las cosas le son posibles. "No temas, solamente CREE"

Alianzas para servir

"Maestro, ¿Cuál es el mandamiento más grande de la ley? Jesús le contestó: Amarás a YAHWEH tu Dios con todo tu corazón, con toda tu alma, con todas tus fuerzas y con toda tu mente. Este es el más grande y el primer mandamiento. Y el segundo es semejante a éste. Amarás a tú prójimo como a ti mismo. De estos dos mandamientos dependen la ley y los profetas." Mateo 22:36-40

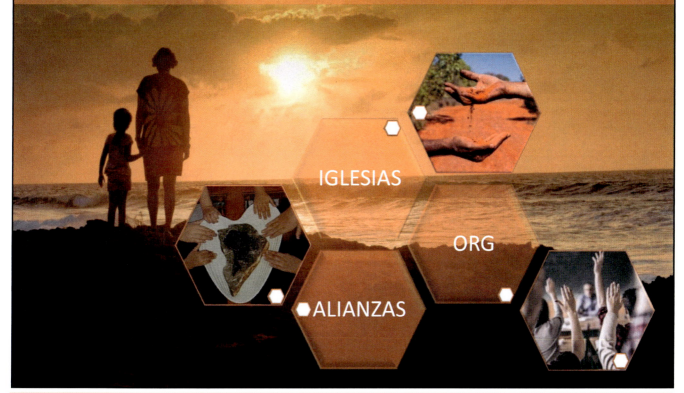

Exhortamos a todas las Iglesias, Ministerios, Fundaciones y Orfanatorios que actualmente trabajan Programas de Servicios a la niñez a unificar sus esfuerzos mediante la creación de Alianzas o Coaliciones. El Desarrollo de Proyectos Humanitarios realizados por medio de Coaliciones son Proyectos que serán muy bien visto por los distintos auspiciadores y Administradores de Fondos para Ayudas Humanitarias. Esto no quiere decir que una entidad individual sea excluida de participar y recibir respaldo a su Proyecto. sino más bien tómelo como un consejo. Cuando se tienen y se comparten los contactos de enlaces, se podrán mejorar los Servicios de Apoyo y su acceso a la provisión.

Amor a Puertas Abiertas
Misión Sur América

Amor a Puertas Abiertas
Misión Sur América

Hogar Caritas De Niños

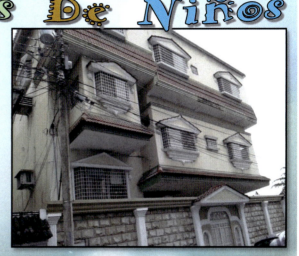

Dentro de nuestras prioridadades de ayudar en las necesidades de la niñez, deseamos recibir Propuestas de las distintas Iglesias y Organizaciones que actualmente brindan sus servicios y conocer de sus necesidades y Proyectos. En nuestro segundo viaje a Guayaquil (2015) el Señor nos dirigió a una propiedad que fue poderosamente confirmada por el Espíritu Santo para los propósitos de nuestra Misión en Sur América. Actualmente se realizan trámites para que la voluntad del Señor manifestada sea cumplida.

REPORTEMOS EL MALTRATO DE NIÑOS A LAS AUTORIDADES

Viajes Misioneros

Si estás Interesado en formar parte de nuestra Delegación Misionera en Sur América puedes solicitar más información via Email o visitando nuestra página Web> **MisionSA.org**

Email> **MisionSA@protonmail.com**

"Recorría Jesús todas las ciudades y aldeas, enseñando en las sinagogas de ellos, y predicando el evangelio del reino, y sanando toda enfermedad y toda dolencia en el pueblo. Y al ver las multitudes, tuvo compasión de ellas; porque estaban desamparadas y dispersas como ovejas que no tienen pastor. Entonces dijo a sus discípulos: A la verdad la mies es mucha, mas lo obreros pocos. Rogad, pues, al Señor de la mies, que

PROCESO PARA SOLICITAR FONDOS PARA PROYECTOS HUMNITARIOS

Con el fin de ayudarles a los que no tienen experiencia en la Redacción de Propuesta le hemos facilitado el Proceso proveyéndoles una guía y consejos prácticos que le sugerimos lea detenidamente y los ponga en acción. Los siguientes 5 pasos pueden ser la distancia que le resta caminar para lograr la realización de su sueño.

1) ASISTIR A CONVOCATORIA
2) ENTREGAR SOLICITUD EL DÍA FECHA LÍMITE
3) PRESENTACIÓN DE PROPUESTAS
4) EVALUACIÓN & APROBACIÓN
5) ENTREGA DE AYUDAS

- ✓ Las Solicitudes estarán disponibles el día de la reunión Convocada en los Medios de Comunicación y/o Redes Sociales.

- ✓ Las Solicitudes deberán ser entregadas con todos los Documentos Requeridos y Propuestas **en la fecha límite anunciada**. Esta fecha se anunciará el día de la Convocatoria.

- ✓ **SOLICITUDES INCLOMPLETAS, FUERA DE LA FECHA LÍMITE NO SERÁN ACEPTADAS SIN ACEPCIÓN DE PERSONAS**. Las misma deberán esperar por nueva Convocatoria.

- ✓ El día de la Convocatoria para entrega de Solicitudes se indicará la fecha, lugar y hora a la cual deberán comparecer el Oficial a cargo y su Dirtectiva para que realice una breve Presentación en Power Point sobre su Proyecto.

- ✓ La Presentación debe ser BREVE y DIRECTA a la necesidad y se recomienda incluir FOTOS y VIDEOS. Esto ayudará al Comité Evaluador de Propuestas a conocer la necesidad por la que solicita la Ayuda Humanitaria.

- El Comité de Evaluación se encargará de notificar la decisión final vía correo electrónico. Las Propuestas aprobadas recibirán instrucciones a seguir para realizar firma del desembolso de la Ayuda Humanitaria aprobada. Deberé de abrir una cuenta bancaria de cheques a nombre de la Organización la cual será EXCLUSIVAMENTE utilizada para el manejo de los fondos de la ayuda Humanitaria aprobados. La cuenta deberá estar registrada con 2 firmas autorizadas mínimo necesarias para pagar con cheques.

- Nuestro interés y deseo de apoyar a todos los Programas de las Iglesias y Organizaciones sin fines de lucro nos ha posicionado para servir como el enlace entre su Organización y Aliados Colaboradores de Amor a Puertas Abiertas Misión Sur América a los cuales les llevaremos la información sobre sus Programas y nuestra recomendación con el fin de canalizar otras fuentes de ayudas Humanitarias para su Proyecto.

- Amor a Puertas Abiertas Misión Sur América se RESERVA EL DERECHO DE ADMISIÓN Y PARTICIPACIÓN DE NUESTROS PROGRAMAS Y ACTIVIDADES. Todas las Solicitudes de Ayuda Humanitaria están SUJETAS A EVALUACIÓN Y APROBACIÓN.

Presentación de Propuestas

¡ESTE DÍA ES TÚ DÍA!
El día destinado por el Señor para dirigirlo en la realización de su

Presentación de Proyectos

Las Iglesias, Organizaciones fines de lucro interesadas en solicitar Fondos para Proyectos Humanitarios deberán someter una Propuesta por escrito con todos los Documentos requeridos y tendrá la oportunidad de realizar una Presentación de su petición de fondos delante de de nuestro Comité Evaluador de Propuestas y Representantes Oficiales de otras Fundaciones interesadas en conocer de sus Proyectos.

En fecha que será previamente citado para realizar la Presentación de su Proyecto le exhortamos que la misma la prepare en Power Point para ser proyectada en pantalla que nosotros proveeremos en el lugar de la reunión. Tenga presente que estas oportunidades no se dan con mucha frecuencia en la vida. Venga preparado a presentar la causa por la cual ha trabajado duro. ¡Esta puede ser la respuesta de Dios a sus oraciones que por mucho ha esperado!

- ❖ Traiga su Presentación grabada en un Pendrive
- ❖ Nosotros proveeremos Computadora y Pantalla para su Presentación
- ❖ Es conveniente que asista acompañado de una Delegación que represente su organización

SINCERIDAD, HONESTIDAD, INTEGRIDAD

Consejos en la Redacción

1. Para la Redacción exitosa de una Propuesta será necesario tener de manera clara y definida la Misión y Visión de lo que se pretende realizar. No hay nadie mejor capacitado para esto que aquella persona fundadora de la organización, o que esté bien familiarizada con la misma, o quienes han recibido el llamado de Dios para el desarrollo del Proyecto, serán personas muy importantes a la hora de redactar la Propuesta en el caso de usted esté colaborando de manera técnica en la redacción. Es cuestión tener claro el fin del Proyecto y ponerlo por escrito de manera clara y lo más sencillo y preciso posible.

2. No se asuste cuando se usa el termino de Propuesta, considérelo como un sencillo Proyecto de Escuela en el cual usted cuando era estudiante realizaba redactando información acompañada de láminas en la mayoría de los casos.

3. ¿Qué información debe de aparecer en su Propuesta? Sencillamente toda la relacionada a su Programa o Proyecto. Como nació, información de sus comienzos, servicios actuales y metas a corto y largo plazo.

4. Información relacionada a los "servicios que ofrecen" y quienes son las personas o población beneficiadas de los mismos.

5. Documente los servicios que ofrece fotos u otros medios que puedan ser apreciados mientras se examina la Propuesta.

6. Sea creativo. Recuerde que es una gran oportunidad que usted tendrá para lograr recursos económicos para su Proyecto, pues su Propuesta será vista por personas que muy bien podrían enamorarse de la labor que realiza y ser tocadas por el Espíritu Santo para apoyarle.

7. Sea honesto. No diga que está haciendo lo que no hace en el momento pensando que lo hará en el futuro. Más bien, comunique los servicios que actualmente ofrece, aunque sean mínimos o pocos por la falta de recursos, pero señalando que sus planes a largo plazo es poder servir a tantos conforme a los recursos que logren alcanzar. Para esto, puede crear una tabla donde indica los servicios o personas servidas conforme a su itinerario y donde bien pueda reflejar aumentos o bajas según sea el caso. Como también sus metas a alcanzar a corto y largo plazo. Nadie mejor que usted sabe lo que hace y lo que desean hacer.

8. Sea breve, directo y convincente en sus narrativos. Presente los problemas con los cuales están trabajando. ¿Qué razones tuvieron para establecer el Programa y relate testimonios y resultados positivos que han logrado?

9. Cuando se habla de someter Propuestas en las esferas Gubernamentales o a Corporaciones Privadas es común que las mismas incluyan Tablas de Estadísticas y/o Estudios realizados. Aunque nosotros no necesariamente exigimos que los mismos sean incluidos, no obstantes, si los tiene, preséntelos pues esto abona positivamente a su Propuesta y da más credibilidad del carácter de su organización.

10. Haga un Narrativo exclusivamente donde presentará lo que necesita o está solicitando como ayuda. Si es dinero, presente un Presupuesto de Gastos de este o si es un Equipo el costo y modelo de este en una Cotización Oficial.

11. Acompañe información Oficial de su Iglesia u Organización. (No incluya copias de documentos oficiales, los mismos serían verificados de ser necesarios en nuestra visita oficial a su Proyecto).

12. Acompañe listado de los nombres, posición, direcciones y números de teléfonos de los miembros de su Junta de Directores o Administradores. Señale que persona será la que estará a cargo del Programa. Puede incluir organigrama acompañando el mismo.

13. Tenga disponible los Documentos Oficiales que el Gobierno le exige a las Organizaciones e Iglesias para poder funcionar. Permisos, Licencias, etc... No los envíe con su Propuesta. Manténgalos a la mano en caso de una visita a su Proyecto.

14. Indique las fuentes de ingreso que recibe para realizar su Programa. Si recibe ayudas del Gobierno o entidades privadas.

15. Si el Programa o Proyecto tiene empleados a sueldo y/o voluntarios. Si cuenta con personal profesional que es parte del servicio explique con detalles.

16. Recuerde que por medio de su Propuesta usted dará a conocer los Servicios y necesidades de su Programa u Organización. Presentarla con una convicción segura y positiva, cual vendedor que presenta su producto como una solución real a determinado problema.

17. Por último. Si usted tiene una visión para comenzar un Programa o Proyecto y está esperando primero recibir los recursos para comenzar, le recomiendo por experiencia propia a que comience con el poco o ningún recurso que tenga. ¡Solo procure con diligencia comenzarlo y verá la mano de Dios a su favor supliendo!

Pero comience dando el servicio, aunque solo pueda darlo a unos pocos. Unos pocos son mucho más que nada. Sencillamente ponga lo poco en las manos del Señor y verá grandes milagros de provisión. En el ínterin de la realización de nuestras Campañas ofreceremos Talleres de Capacitación en la Redacción de Propuestas para beneficio de los líderes interesados.

Le deseamos mucho éxito y le profetizo victoria si se propone luchar por ese sueño no importando los obstáculos que sin duda se han de presentar. Recuerde que todo lo que en el Reino de nuestro Dios usted ha sido llamado a alcanzar, tendrá oposición. Pero usted y yo bien sabemos que no habrá gigante ni montaña que no podamos conquistar en el Nombre de Nuestro Señor Dios Todopoderoso.

Una Propuesta es un medio por el cual podemos canalizar el respaldo de la Empresa Privada a Proyectos y Programas que brindan servicios a las comunidades. Los recursos están cerca de usted, es cuestión de hacer el acercamiento de manera efectiva.

Le animo a que haga de su visión una Propuesta al alcance de las personas que tienen los recursos para hacer su sueño una realidad. Como le dije al principio, si usted tiene una visión para o deseo de ofrecer un servicio al prójimo, comience sin recurso.

No espere tener para dar. Eso es una excusa para no empezar a dar. Comience con lo poco que tiene y verá la bendición del Señor como obra milagros de provisión y multiplicación. Es cuestión de comenzar. Esto le colocará en mejor posición a la hora de escoger los Proyectos.

Esperando celebrar en un futuro cercano su éxito alcanzado para la gloria de Dios, queda de ti muy agradecido y bendecido del Señor. Ha sido un honor para mí conocer lo que Dios está haciendo por sus medios en esta mi Tierra Prometida. Recuerde, si DIOS te llamó es porque te escogió pensando que tienes la capacidad y valentía para cumplir la misión de tu llamado.

Le deseamos el mayor de los éxitos y sobre todo que Dios le bendiga.

José A. Herrera Negrón CEO
Marisol Delgado Soto CEO
Directores Ejecutivos
Amor A Puertas Abiertas
Misión Sur América

"Bien, buen siervo y fiel; sobre poco has sido fiel, sobre mucho te pondré; entra en el gozo de tu Señor".
Mateo 25:23

REQUISITOS & DOCUMENTOS OFICIALES

Original & Copia

Amor a Puertas Abiertas
Misión Sur América

Para ser considerada su solicitud de Ayuda Humanitaria, cada Propuesta debe de venir acompañada de todos los Documentos Oficiales vigentes en el caso de Organizaciones sin fines de lucro, (original y copia). Los originales se devolverán inmediatamente en el momento de entrega y cotejo de la Propuesta.

A continuación, una lista de los Documentos Oficiales que deberá incluir según aplique a su caso:

- ✓ Certificado de Incorporación de la Organización sin fines de lucro
- ✓ Certificado de Incorporación en el caso de Iglesias
- ✓ Nombre, dirección, número celular del Presidente Fundador
- ✓ Listado de Nombres de todos los Miembros de la Junta de Directores, direcciones, números de celular, posiciones que ocupan y tiempo en la organización al momento de someter la Propuesta.
- ✓ Nombre, dirección y número de celular del Tesorero de la organización.
- ✓ Nombre, dirección y número de celular del Contable de la organización.
- ✓ Todos los Permisos, Licencias vigentes de uso y sanidad del local donde ubica la sede de la organización que el Gobierno le requiere para operar.
- ✓ Copia de Pasaporte o Cedula de todos los Miembros de la Organización.
- ✓ Certificado de Buena Conducta de todos los miembros de la Junta de Directores y empleados que serán pagados con donativo solicitado. (Background Check)
- ✓ Copia de los últimos 2 Estados Financieros de la corporación.
- ✓ Narrativo donde explique; ¿cómo nace la organización?, la Misión y Visión, logros alcanzados, metas a corto y largo plazo.
- ✓ Proyecto en desarrollo actual (si alguno).
- ✓ Narrativo con fotos de los servicios y/o actividades que realizan actualmente.

- ✓ Narrativo en el cual presente un desglose por Partidas del Presupuesto solicitado. Puede incluir Cotizaciones, salarios, mano de obra, Costo estimado del Proyecto, etc.

  NOTA: Los Fondos aprobados a su Propuesta deberán ser utilizados exclusivamente en las Partidas presentadas en la Propuesta. Una vez aprobada la Propuesta, puede solicitar por escrito cualquier cambio de uso de las Partidas, pero deberá esperar la aprobación de la enmienda solicitada antes de hacer el desembolso.

- ✓ Narrativo del Plan de Trabajo que realizará una vez que reciba los Fondos.
- ✓ 2 cartas de referencia preferiblemente de empresas, gobierno, personas u otras entidades que conocen o respaldan su labor comunitaria.
- ✓ Copia de Contrato de Arrendamiento de facilidades si del donativo se utilizará Partida para el pago de renta.
- ✓ Cualquier otro documento que entienda debamos considerar.

NOTA Estos requisitos son para Solicitudes presentadas por Iglesias, Organizaciones sin fines de lucro, Fundaciones, Corporaciones, etc.

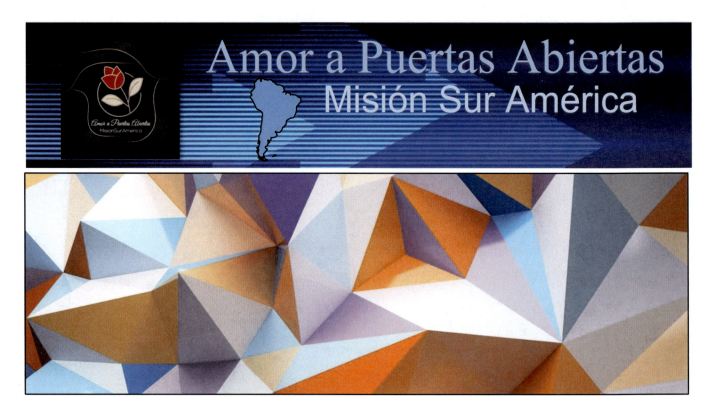

NO ACEPTAREMOS PROPUESTAS INCOMPLETAS

Para ser considerada su solicitud de Ayuda Humanitaria, cada Propuesta deberá estar acompañada con todos los Documentos requeridos y en el caso de licencias deberán estar vigentes. Los documentos originales se devolverán en el momento de entrega y cotejo de la Propuesta. Las Solicitudes serán divididas en categorías:

1. Donativos para cubrir Gastos Médicos, enfermedades catastróficas, operaciones, condiciones médicas que ameriten traslados, gastos esenciales, etc.
2. Donativos para cubrir pagos que eviten Desalojo de Residencia por embargo de casas, rentas atrasadas, evitar perdida de vivienda, etc.
3. Donativos para Compras de Emergencia de Alimentos, mitigación de hambre, etc.
4. Donativos para pago Utilidades, Luz, Agua, Gas.
5. Donativos para compra de Enseres, Estufas, Lavadoras, Camas, Cunas, etc.
6. Donativos para compra Efectos Escolares.

AMOR A PUERTAS ABIERTAS MISIÓN SUR AMÉRICA, LOS REPRESENTANTES Y ADMINISTRADORES DE FONDOS PARA AYUDAS Y PROYECTOS HUMANITARIOS QUE INVITAMOS A LAS CONVOCATORIAS SE RESERVAN EL DERECHO DE APROBACIÓN DE PROPUESTAS Y EL DERECHO DE ADMISIÓN A NUESTRAS ACTIVIDADES.

REQUISITOS

1. Llenar Formulario de Solicitud.
2. Copia Pasaporte o Cédula de Identidad (Original y copia)
3. En caso de Gastos Médicos presentar evidencia y breve Narrativo de la situación.
4. Donativos para cubrir pagos de Renta de Residencias en procesos de embargo o atrasos por desempleo, debe presentar evidencia. Contratos de Arrendamiento, Cartas de Notificación de Embargo, etc. (Original y copia) Breve Narrativo explicando la situación o crisis que está atravesando.
5. Donativos para Compras de Emergencia de Alimentos incluya un Narrativo explicando su situación donde incluya todos los miembros de la familia que viven bajo un mismo techo.
6. Donativos para pago de Utilidades someta copia de las Facturas.
7. Donativos para compra de enseres someta Narrativo en el cual podamos conocer la composición de su familia y necesidades básicas de su hogar preferiblemente por medio de fotos.
8. Donativos para compra de Efectos Escolares presente Narrativo donde nos deje saber las edades de los niños, sexo y grado escolar. En el caso de necesitar pago de uniformes debe de presentar factura (original y copia).

Siga el orden del Modelo de Propuesta y no olvide incluir todos los Documentos Requeridos.

Modelo de Propuesta

Reconociendo que muchas Iglesias, Ministerios y Organizaciones de base de fe han estado brindando servicios utilizando sus recursos personales y nunca han explorado la búsqueda de fondos mediante Propuestas sometidas a Fundaciones y/o Agencias que disponen de Fondos, a continuación le facilitamos un modelo sencillo para que prepare su Propuesta. En su computadora utilizando su programa para redactar documentos (Word) siga el siguiente orden que a su vez nos deberá someter. Siguiendo los Consejos en la Redacción de Propuestas que anteriormente le compartimos, comencemos la preparación de su Propuesta:

1. La Portada de su Propuesta: Nombre de la Iglesia, Organización, Ministerio que solicita, Dirección Física, Dirección Postal, Email, Números Teléfono Oficina, Celular, Nombre Persona encargada y su número de Celular. Horario de Oficina o Servicios según aplique.

2. En la segunda página de su Propuesta escriba la Misión y Visión de su organización y una breve historia de como comenzó. (Aunque queremos que sea breve y concentrado pero no deje de utilizar las paginas necesarias, no olvides incluir detalles importantes).

3. Explique las necesidades o problemas que están atendiendo. Cantidad de Participantes que impactan con su servicio. Especifique la población que atiende, (niños, jóvenes, adultos, ancianos, condiciones de salud, etc.)

4. En que consisten los Servicios que ofrecen y los recursos que utilizan para poder realizarlos. Los gastos que se incurren y el personal. Explique

5. Puede incluir fotos, videos y cualquiera otra ilustración que ayude al Comité de Evaluación de Propuestas a tener una visión clara del trabajo que realizan.

6. Presupuesto Solicitado y Presupuesto o Fondos Disponibles actualmente. Puede presentarlo por medio de dos tablas graficas.

7. Explique en un narrativo el Presupuesto Solicitado y/o la ayuda que necesita para cubrir las necesidades para continuar ofreciendo los Servicios que ofrecen. Si solicita para compra de equipos debe de presentar cotizaciones y/o estimados evidenciados. Añada en esta sección un Presupuesto Estimado que solicita en esta Propuesta.

8. Indique de que Entidades o fuentes provienen los Recursos económicos actualmente utilizados para ofrecer los Servicios.

9. Indique cómo hacen para costear las necesidades de su organización. Qué actividades si alguna, o si someten Propuestas como esta, a qué entidades y cuales han sido los resultados de la misma.

10. Si su organización utiliza los servicios voluntarios de profesionales indique en que consisten los mismos incluyendo el nombre, profesión y un número de teléfono donde podamos contáctarlo si fuera necesario.

11. Incluya un listado de la Junta de Directores o Administrativa de su organización que incluya los nombres, puesto que ocupan, direcciones postales y residenciales, números de celular, email y el tiempo que llevan ocupando el puesto. Indique si reciben salario por su servicio o si son personal voluntario.

12. Indique quienes, si alguno, recibe salario e indique cantidad mensual y/o anual y el trabajo que realizan.

13. Nombre, dirección física de Oficina de quien lleva la Contabilidad de la organización y quién prepara los Estados Financieros de la organización, si aplica. Incluya números de teléfonos o celulares donde se puedan contactar.

14. Incluya Presupuesto Operacional necesario y los Fondos que actualmente dispone para el servicio en los próximos días o semanas. Si puede presentar un Estado Financiero actualizado que refleje su realidad durante los días que esta Propuesta es sometida a para nuestra evaluación y consideración, pudiera ser un indicador muy importante a su favor a la hora de toma de desiciones finales. Puede parecer gravosa la petición, pero su esfuerzo pudiera traer buena o mayor recompensa para su organización.

15. Incluya mínimo dos (2) Cartas de Referencias que Certifiquen los Servicios que su organización ofrece que incluya el nombre, dirección y teléfonos de quien certifica. Si su organización a recibido ayuda o donativos de alguna Empresa, Fundación o Agencia Gubernamental le sugerimos que procure que por lo menos una (1) de estas Certificaciones provengan de ellos. Esto le dará standing a su organización.

16. Complete el Formulario de Solicitud de Fondos para Proyectos Humanitarios e inclúyalo en su Propuesta junto con todos los Documentos Requeridos (original y copia).

Amor a Puertas Abiertas
Misión Sur América

Programas Elegibles

† Programas de Asistencia Social Comunitaria (Alimentos procesados, Compras de Emergencias, Comedores Públicos para Personas Indigentes, Ropas, zapatos, etc.)

† Orfanatos, Albergues para personas desamparadas sin hogar, Albergues de Emergencias, Proyectos de Vivienda Transitoria con Servicios de Apoyo, Programas de Apoyo para Niños, Personas ancianas, Hombres y Mujeres, etc.

† Centros de Rehabilitación de Adictos a Drogas

† Proyectos de Microempresa de Impacto en la Creación de Empleos y Desarrollo Económico en las Comunidades.

† Proyectos de Desarrollo Agrícola de Impacto en la Creación de Empleos y Desarrollo Económico en las Comunidades.

† Proyectos de Desarrollo de Viviendas para Familias de Escasos recursos económicos.

† Programas de Restauración de Viviendas para Familias de Escasos recursos económicos.

† Programas de Apoyo dirigidos a la Población Penal (presos).

† Proyectos y Programas de Educación Cristiana.

† Templos que necesiten reparación, equipos, materiales de construcción, etc.

† Casos de familias de pobreza extrema.

† Equipos Médicos suplementarios.

† Ayudas para pacientes que necesiten cubrir gastos de operaciones médicas o medicamentos, tratamientos especializados. (Creemos en la sanidad divina y la operación de milagros, pero no por ello rechazamos la asistencia e intervención de la ciencia médica a fin de sanar a un enfermo).

† Si su Proyecto o Programa no está mencionado aquí por ser uno novedoso o exclusivo, no deje

† Las Noches de Restauración es una actividad en la cual compartimos nuestro testimonio de manera más intima en un Salón de capacidad limitada cumpliendo así con nuestro llamado a Sur América.

† Hogar Caritas de Niños – Será la Sede donde se coordinaran y atenderán las distintas necesidades que sufren nuestros niños en Sur América mediante el apoyo de las Organización que actualmente brindan Servicios a esta población.

† Coordinación de Campañas Evangelisticas en Estadios, Radio, TV en vivo cumpliendo con la encomienda del Señor de testificar de Su amor y misericordia en nuestras vidas.

✝ Creación de Red de Bancos de Alimentos – Siguiendo el patrón por el cual son abastecidos los Bancos de Alimentos, las Iglesias son las mejores indicadas para convertirse en una Sucursal del Banco de Alimentos Central de existir en el país o capital. La Iglesia del Señor ya establecida y funcionando en todo el mundo como una Organización sin fines lucrativos es no solo, la más indicada, sino la llamada por Dios en el cumplimiento de sus deberes Ministeriales los cuales son servir a Su pueblo. Las Iglesias interesadas en convertirse en una Sucursal del Banco de Alimentos puede someter su Solicitud incluida en este manual.

✝ Por la gracia de Dios somos uno de muchos enlaces entre los Tenedores de Fondos para Proyectos Humanitarios disponibles para las Iglesias y Organizaciones sin fines de lucro. Ofreceremos Talleres, Adiestramientos para ayudar a lograr el Desarrollo de Proyectos Humanitarios en Sur América.

✝ Viajes Misioneros – Amor A Puertas Abiertas Misión Sur América tiene la comisión de nuestro Padre Dios Creador de ir por todo el Continente llevando nuestro testimonio, la Palabra del Señor y ayuda social.

✝ Es un evento de humillación donde los Gobiernos de cada país reconocen el Señorío de JESUCRISTO mediante un Decreto o Proclama Oficial.ucedió en Ninive en época Jonás.

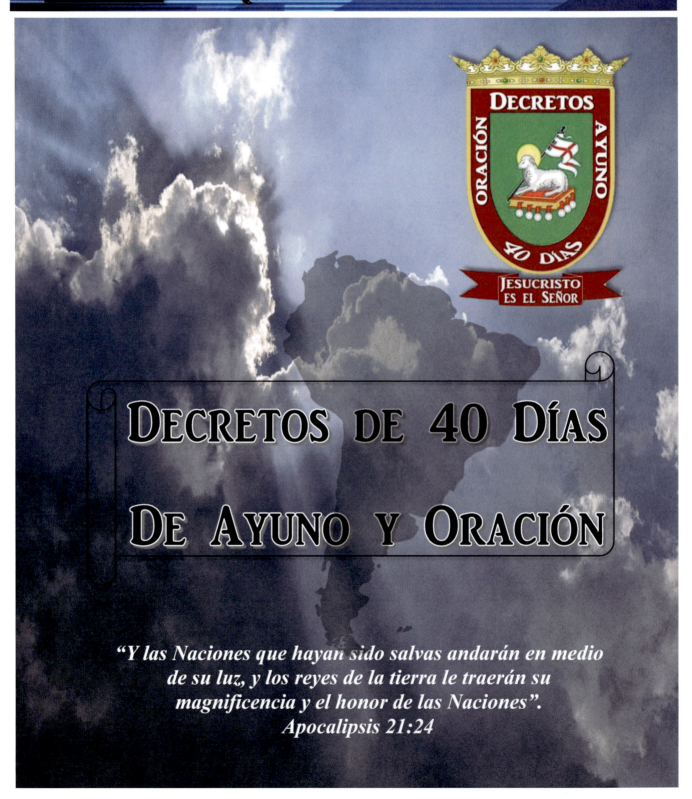

Amor a Puertas Abiertas
Misión Sur América

Agenda de DIOS

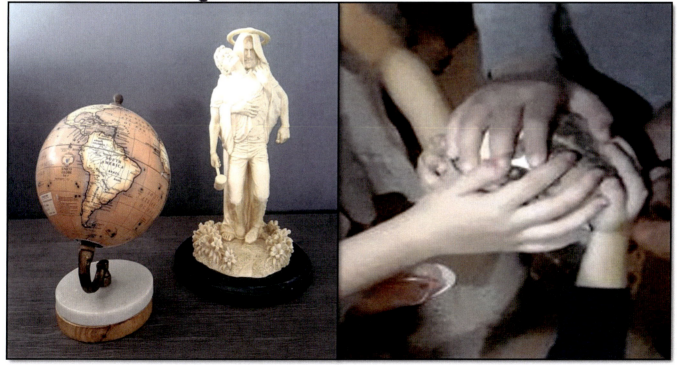

Amor a Puertas Abiertas
Misión Sur América

JUNIO 2021

SUN	MON	TUE	WED	THU	FRI	SAT
		01	02	03	04	05
06	07	08	09	10	11	12
13	14	15	16	17	18	19
20	21	22	23	24	25	26
27	28	29 Señor he venido a ti y nada ha sucedido	30			

40 AÑOS EN EL RELOJ DE DIOS INDICA ES HORA DE CONQUISTAR SUR AMÉRICA, LA TIERRA PROMETIDA

JULIO *2021*

Agenda de DIOS

SUN	MON	TUE	WED	THU	FRI	SAT
				01	02	03
04	05	06	07	08	09	10
11	12	13	14	15	16	17
18	19	20	21	22	23	24
25	26	27	28	29	30	31

AGOSTO 2021

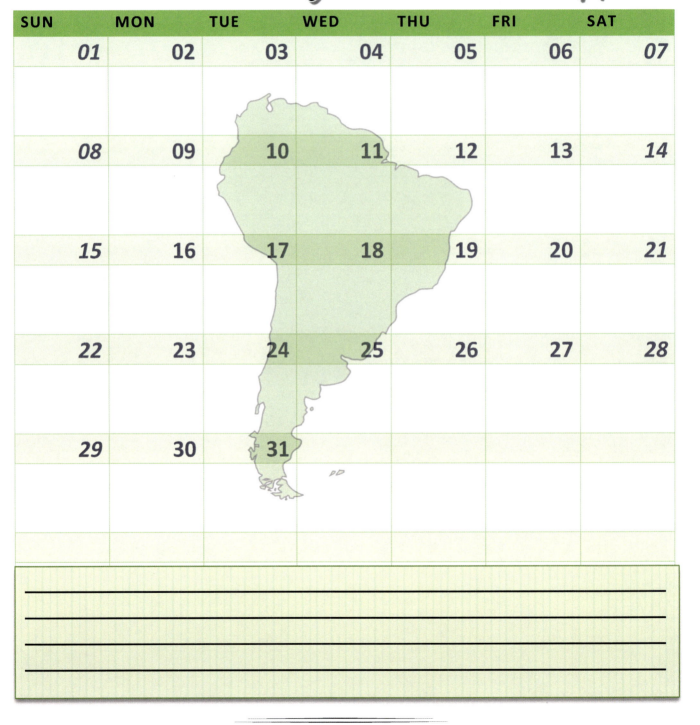

SEPTIEMBRE *2021*

Agenda de DIOS

SUN	MON	TUE	WED	THU	FRI	SAT
			01	02	03	04
05	06	07	08	09	10	11
12	13	14	15	16	17	18
19	20	21	22	23	24	25
26	27	28	29	30		

OCTUBRE 2021

Agenda de DIOS

SUN	MON	TUE	WED	THU	FRI	SAT
					01	02
03	04	05	06	07	08	09
10	11	12	13	14	15	16
17	18	19	20	21	22	23
24	25	26	27	28	29	30
31						

_____
_____
_____
_____

NOVIEMBRE *2021*

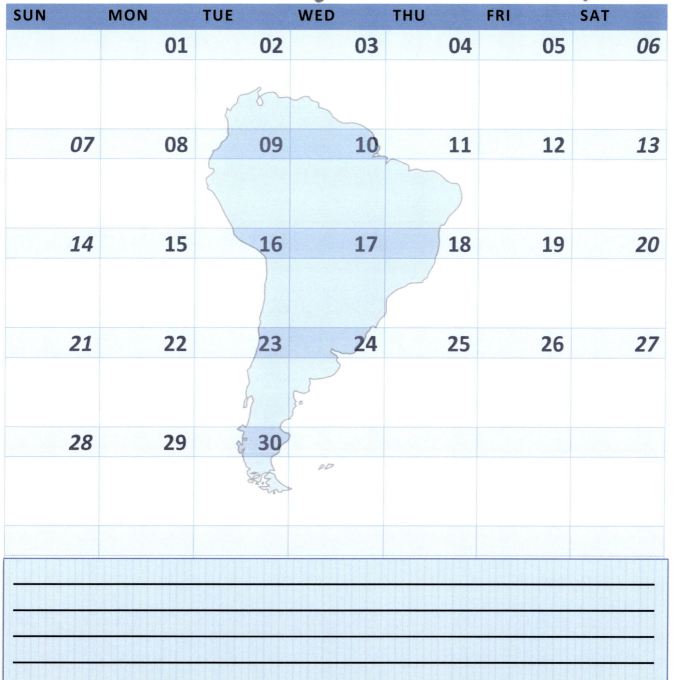

DICIEMBRE 2021

Amor a Puertas Abiertas
Misión Sur América

Agenda de DIOS

SUN	MON	TUE	WED	THU	FRI	SAT
			01	02	03	04
05	06	07	08	09	10	11
12	13	14	15	16	17	18
19	20	21	22	23	24	25
26	27	28	29	30	31	

ENERO 2022

Agenda de DIOS

SUN	MON	TUE	WED	THU	FRI	SAT
						01
02	03	04	05	06	07	08
09	10	11	12	13	14	15
16	17	18	19	20	21	22
23	24	25	26	27	28	29
30	31					

_____
_____
_____
_____

FEBRERO 2022

Agenda de DIOS

SUN	MON	TUE	WED	THU	FRI	SAT
		01	02	03	04	05
06	07	08	09	10	11	12
13	14	15	16	17	18	19
20	21	22	23	24	25	26
27	28					

_____
_____
_____
_____

MARZO 2022

Agenda de DIOS

SUN	MON	TUE	WED	THU	FRI	SAT
		01	02	03	04	05
06	07	08	09	10	11	12
13	14	15	16	17	18	19
20	21	22	23	24	25	26
27	28	29	30	31		

_____
_____
_____
_____

ABRIL 2022

Agenda de DIOS

SUN	MON	TUE	WED	THU	FRI	SAT
					01	02
03	04	05	06	07	08	09
10	11	12	13	14	15	16
17	18	19	20	21	22	23
24	25	26	27	28	29	30

MAYO 2022

Agenda de DIOS

SUN	MON	TUE	WED	THU	FRI	SAT
01	02	03	04	05	06	07
08	09	10	11	12	13	14
15	16	17	18	19	20	21
22	23	24	25	26	27	28
29	30	31				

JUNIO 2022

Agenda de DIOS

SUN	MON	TUE	WED	THU	FRI	SAT
			01	02	03	04
05	06	07	08	09	10	11
12	13	14	15	16	17	18
19	20	21	22	23	24	25
26	27	28	29	30		

JULIO 2022

Agenda de DIOS

SUN	MON	TUE	WED	THU	FRI	SAT
					01	02
03	04	05	06	07	08	09
10	11	12	13	14	15	16
17	18	19	20	21	22	23
24	25	26	27	28	29	30
31						

_____
_____
_____
_____

AGOSTO 2022

Agenda de DIOS

SUN	MON	TUE	WED	THU	FRI	SAT
	01	02	03	04	05	06
07	08	09	10	11	12	13
14	15	16	17	18	19	20
21	22	23	24	25	26	27
28	29	30	31			

_____
_____
_____
_____

SEPTIEMBRE 2022

SUN	MON	TUE	WED	THU	FRI	SAT
				01	02	03
04	05	06	07	08	09	10
11	12	13	14	15	16	17
18	19	20	21	22	23	24
25	26	27	28	29	30	

_____
_____
_____
_____

OCTUBRE 2022

Agenda de DIOS

SUN	MON	TUE	WED	THU	FRI	SAT
						01
02	03	04	05	06	07	08
09	10	11	12	13	14	15
16	17	18	19	20	21	22
23	24	25	26	27	28	29
30	31					

_____
_____
_____
_____

NOVIEMBRE 2022

Agenda de DIOS

SUN	MON	TUE	WED	THU	FRI	SAT
		01	02	03	04	05
06	07	08	09	10	11	12
13	14	15	16	17	18	19
20	21	22	23	24	25	26
27	28	29	30			

DICIEMBRE 2022

Agenda de DIOS

SUN	MON	TUE	WED	THU	FRI	SAT
				01	02	03
04	05	06	07	08	09	10
11	12	13	14	15	16	17
18	19	20	21	22	23	24
25	26	27	28	29	30	31

_____
_____
_____
_____

Amor a Puertas Abiertas
Misión Sur América

Agenda de DIOS

2023

JANUARY
S	M	T	W	T	F	S
1	2	3	4	5	6	7
8	9	10	11	12	13	14
15	16	17	18	19	20	21
22	23	24	25	26	27	28
29	30	31				

FEBRUARY
S	M	T	W	T	F	S
			1	2	3	4
5	6	7	8	9	10	11
12	13	14	15	16	17	18
19	20	21	22	23	24	25
26	27	28				

MARCH
S	M	T	W	T	F	S
			1	2	3	4
5	6	7	8	9	10	11
12	13	14	15	16	17	18
19	20	21	22	23	24	25
26	27	28	29	30	31	

APRIL
S	M	T	W	T	F	S
						1
2	3	4	5	6	7	8
9	10	11	12	13	14	15
16	17	18	19	20	21	22
23	24	25	26	27	28	29
30						

MAY
S	M	T	W	T	F	S
	1	2	3	4	5	6
7	8	9	10	11	12	13
14	15	16	17	18	19	20
21	22	23	24	25	26	27
28	29	30	31			

JUNE
S	M	T	W	T	F	S
				1	2	3
4	5	6	7	8	9	10
11	12	13	14	15	16	17
18	19	20	21	22	23	24
25	26	27	28	29	30	

JULY
S	M	T	W	T	F	S
						1
2	3	4	5	6	7	8
9	10	11	12	13	14	15
16	17	18	19	20	21	22
23	24	25	26	27	28	29
30	31					

AUGUST
S	M	T	W	T	F	S
		1	2	3	4	5
6	7	8	9	10	11	12
13	14	15	16	17	18	19
20	21	22	23	24	25	26
27	28	29	30	31		

SEPTEMBER
S	M	T	W	T	F	S
					1	2
3	4	5	6	7	8	9
10	11	12	13	14	15	16
17	18	19	20	21	22	23
24	25	26	27	28	29	30

OCTOBER
S	M	T	W	T	F	S
1	2	3	4	5	6	7
8	9	10	11	12	13	14
15	16	17	18	19	20	21
22	23	24	25	26	27	28
29	30	31				

NOVEMBER
S	M	T	W	T	F	S
			1	2	3	4
5	6	7	8	9	10	11
12	13	14	15	16	17	18
19	20	21	22	23	24	25
26	27	28	29	30		

DECEMBER
S	M	T	W	T	F	S
					1	2
3	4	5	6	7	8	9
10	11	12	13	14	15	16
17	18	19	20	21	22	23
24	25	26	27	28	29	30
31						

Agenda de Seiguimiento

Para completar el Proceso de Solicitud de Fondos para Proyectos Humanitarios es determinante la asistencia de la persona a cargo del Proyecto a las Reuniones de Seguimiento citadas por su Coordinador Asignado. De no poder asistir puede enviar un Representante Autorizado mediante Certificación firmada por usted. De no asistir y hacer caso omiso a las citas, la Solicitud será Cancelada.

FECHA	HORA	LUGAR	COORDINADOR	CELULAR

NOTAS

En algún momento de esos cuando le digo "SEÑOR dirigeme" mientras realizaba los trabajos de edición de este manual, el Espíritu Santo me hizo recordar el sueño de Marisol en el cual ella leyó un mensaje plasmado en las nubes que decía "AMOR A PUERTAS ABIERTAS" rodeado con caritas de niños. Como cuando usted enciende la luz de su cuarto, sentí pedirles a nuestras nietas que nos dibujaran caritas de niños para utilizarlas y este fue el resultado de su colaboración. Nos llena de orgullo finalizar este Manual compartiendo los dibujos que nuestras nietas inmediatamente hicieron cuando les compartí la idea. Ellas son Kiana (11 añitos), Zoelis (10), Naelis (5) y Alanna (4). Fruto de nuestras hijas Soraima y Tehillím. *Bendecidas del Señor*

Amor a Puertas Abiertas
Misión Sur América

Naelis

5 añitos

Amor a Puertas Abiertas
Misión Sur América

La Cruz del Calvario

"Verá el fruto de la aflicción de Su alma y quedará satisfecho: Por Su conocimiento justificará Mi Siervo justo a muchos y llevará las iniquidades de ellos". Isaías 53:11

Solicitud de Fondos para Proyectos Humanitarios

CANTIDAD SOLICITADA $_____ PROYECTO_____
_____
_____

NOMBRE IGLESIA, ORGANIZACIÓN Y/O MINISTERIO A CARGO DEL PROYECTO
_____

DIRECCIÓN FÍSICA
_____
_____

DIRECCIÓN POSTAL
_____
_____

NOMBRE PASTOR, PERSONA A CARGO PROYECTO   #CELULAR_____
_____#CEDULA/PASAPORTE_____
DIRECCIÓN RESIDENCIAL_____
_____
DIRECCIÓN POSTAL_____
_____
_____

NOMBRE 2 PERSONAS AUTORIZADAS CUENTA BANCARIA RECEPTORA FONDOS APROBADOS
1 NOMBRE _____#CELULAR_____
EMAIL_____#CEDULA/PASAPORTE_____
DIRECCIÓN RESIDENCIAL_____
_____
_____

2 NOMBRE _____#CELULAR_____
EMAIL_____#CEDULA/PASAPORTE_____
DIRECCIÓN RESIDENCIAL_____
_____
_____

Solicitud de Fondos para Proyectos Humanitarios

Breve Narrativo de su Proyecto Humanitario

_____
_____
_____
_____
_____
_____
_____
_____
_____
_____
_____
_____
_____
_____
_____
_____
_____
_____
_____
_____

Solicitud de Sucursal para Red de Bancos de Alimentos

NOMBRE IGLESIA   **AÑOS ESTABLECIDA**_____

_____

DIRECCIÓN FÍSICA IGLESIA

DIRECCIÓN POSTAL IGLESIA

NOMBRE PASTOR   **#CELULAR**_____

                                               #CEDULA/PASAPORTE_____

DIRECCIÓN RESIDENCIAL_____

DIRECCIÓN POSTAL_____

CONTESTE SI o NO

1. ¿Conoce usted lo que es un Banco de Alimentos? _____
2. ¿Ha visitado alguna vez un Banco de Alimentos? _____
3. ¿Es o ha sido su Iglesia Miembro Participante de un Banco de Alimentos? _____
4. ¿Conoce usted familias en su Comunidad viviendo en pobreza extrema?_____
Si contestó Si indique ¿Cuántas?_____
5. ¿Alguna familia en la Iglesia que pastorea vive en pobreza extrema?_____
Si contestó Si indique ¿Cuántas?_____
6. ¿Realiza su Iglesia alguna Actividad o Programa de Asistencia Social?_____ Si cotestó Si Indique breve descripción y detalles de la Actividad o Programa:

Solicitud de Sucursal para Red de Bancos de Alimentos

Breve descripción y detalles de las Actividades o Programas

_____
_____
_____
_____
_____
_____
_____
_____
_____
_____
_____
_____
_____
_____
_____
_____
_____

Made in the USA
Middletown, DE
23 July 2021